This Book Belongs To:

_____

_____

_____

S&J AND ASSOCIATES PUBLISHING INC.

1 one

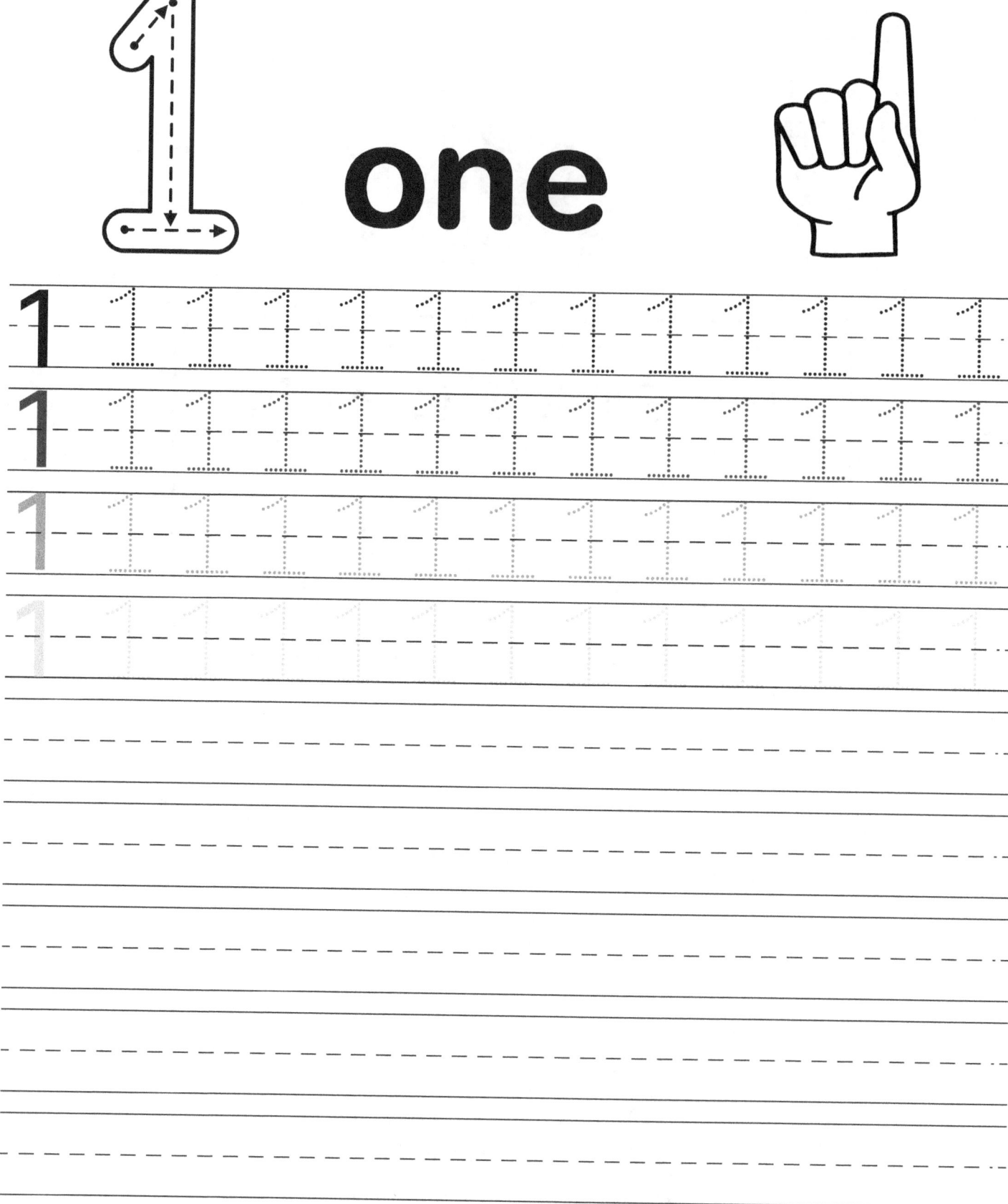

two

2　2　2　2　2　2　2　2　2　2

2　2　2　2　2　2　2　2　2　2

2　2　2　2　2　2　2　2　2　2

2　2　2　2　2　2　2　2　2　2

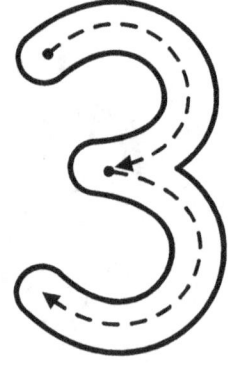 **three**

3 3 3 3 3 3 3 3 3 3 3 3 3

3 3 3 3 3 3 3 3 3 3 3 3 3

3 3 3 3 3 3 3 3 3 3 3

four

4 4 4 4 4 4 4 4 4 4 4

4 4 4 4 4 4 4 4 4 4 4

4 4 4 4 4 4 4 4 4 4 4

4 4 4 4 4 4 4 4 4 4 4

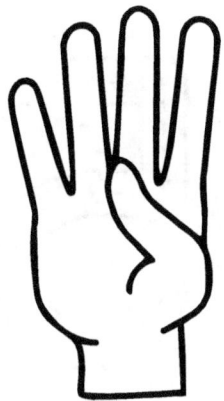

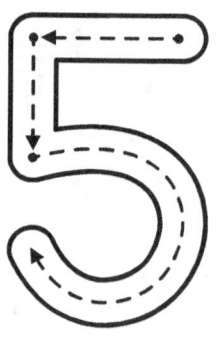 **five**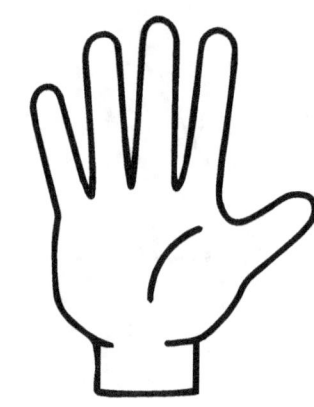

5 5 5 5 5 5 5 5 5 5 5 5

5 5 5 5 5 5 5 5 5 5 5 5

5 5 5 5 5 5 5 5 5 5 5 5

5 5 5 5 5 5 5 5 5 5 5 5

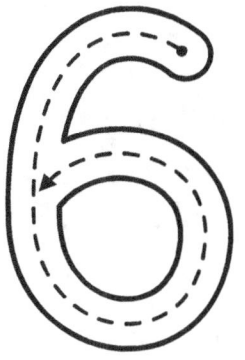 six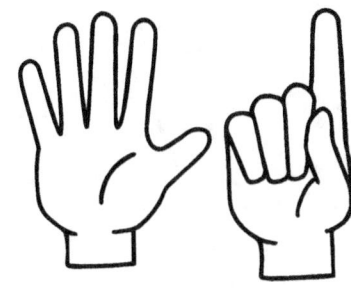

6 6 6 6 6 6 6 6 6 6 6 6

6 6 6 6 6 6 6 6 6 6 6 6

6 6 6 6 6 6 6 6 6 6 6 6

6 6 6 6 6 6 6 6 6 6 6

 seven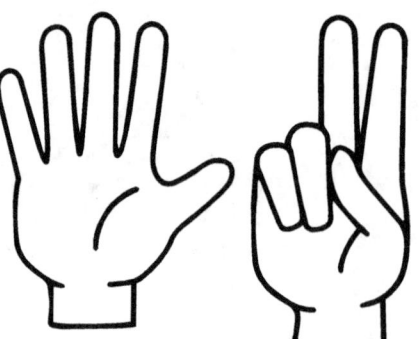

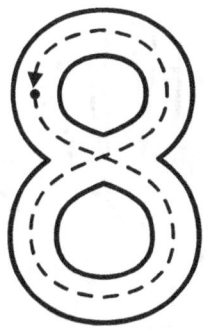

eight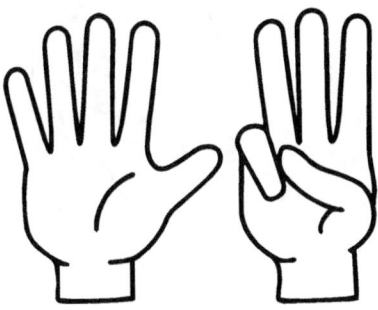

8 8 8 8 8 8 8 8 8 8 8 8

8 8 8 8 8 8 8 8 8 8 8 8

8 8 8 8 8 8 8 8 8 8 8 8

8 8 8 8 8 8 8 8 8 8 8 8

 nine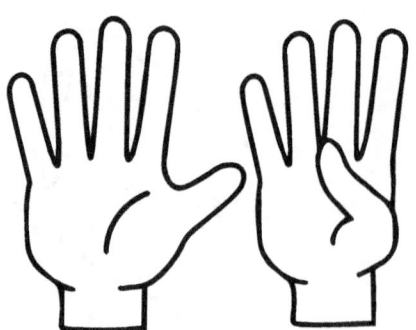

9 9 9 9 9 9 9 9 9 9 9

9 9 9 9 9 9 9 9 9 9 9

9 9 9 9 9 9 9 9 9 9 9

9

10 ten

10 10 10 10 10 10

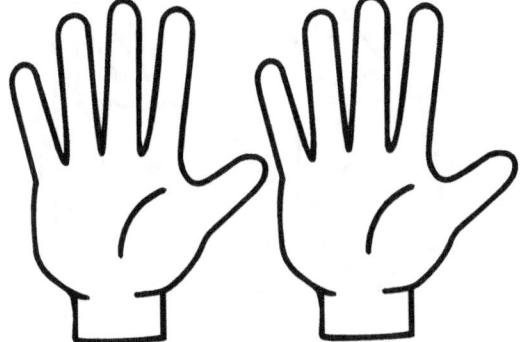

10 10 10 10 10 10

10 10 10 10 10 10

10 10 10 10 10 10

eleven

11 1 1 1 1 1 1 1 1 1 1 1 1 1 1 1 1 1

11 1 1 1 1 1 1 1 1 1 1 1 1 1 1 1 1 1

11 1 1 1 1 1 1 1 1 1 1 1 1 1 1 1 1 1

twelve

12 12 12 12 12 12 12

12 12 12 12 12 12 12

12 12 12 12 12 12 12

12 12 12 12 12 12

thirteen

13 13 13 13 13 13 13

13 13 13 13 13 13 13

13 13 13 13 13 13 13

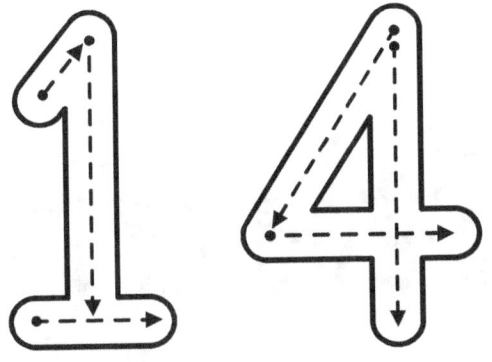

fourteen

14 14 14 14 14 14 14 14
14 14 14 14 14 14 14 14
14 14 14 14 14 14 14 14
14 14 14 14 14 14 14 14

 fifteen

15 15 15 15 15 15 15

15 15 15 15 15 15 15

15 15 15 15 15 15 15

15

sixteen

16 16 16 16 16 16 16 16
16 16 16 16 16 16 16 16
16 16 16 16 16 16 16 16
16 16 16 16 16 16 16 16

seventeen

17 17 17 17 17 17 17 17

17 17 17 17 17 17 17 17

17 17 17 17 17 17 17 17

eighteen

18 18 18 18 18 18 18 18
18 18 18 18 18 18 18 18
18 18 18 18 18 18 18 18
18 18 18 18 18 18

nineteen

19 19 19 19 19 19 19

19 19 19 19 19 19 19

19 19 19 19 19 19 19

19 19 19 19 19 19 19

twenty

20 20 20 20 20 20 20
20 20 20 20 20 20 20
20 20 20 20 20 20 20
20 20 20 20 20 20 20

twenty-one

21 21 21 21 21 21
21 21 21 21 21 21
21 21 21 21 21 21

twenty-two

22 22 22 22 22 22 22 22 22 22 22 22

22 22 22 22 22 22 22 22 22 22 22 22

22 22 22 22 22 22 22 22 22 22 22

22 22 22 22 22 22

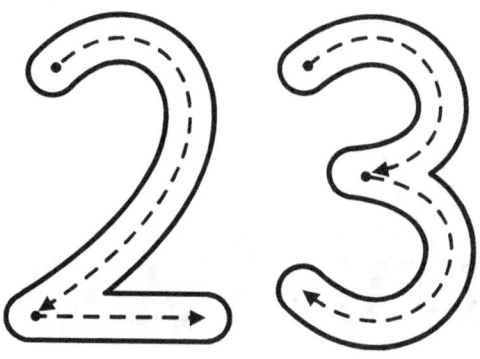

twenty-three

23 23 23 23 23 23

23 23 23 23 23 23

23

23

 **twenty-four**

24 24 24 24 24 24 24 24 24 24 24

24 24 24 24 24 24 24 24 24 24 24

24 24 24 24 24 24 24 24 24 24 24

24 24 24 24 24 24 24 24 24 24

 **twenty-five**

twenty-six

26   26   26   26   26   26

26   26   26   26   26   26

26   26   26   26   26   26

twenty-seven

27 27 27 27 27 27 27 27

27 27 27 27 27 27 27 27

27 27 27 27 27 27 27 27

27 27 27 27 27 27 27 27

twenty-eight

28 28 28 28 28 28 28
28 28 28 28 28 28 28
28 28 28 28 28 28
28 28 28 28 28

29 twenty-nine

29 29 29 29 29 29

29 29 29 29 29 29

29 29 29 29 29 29

29 29 29 29 29 29

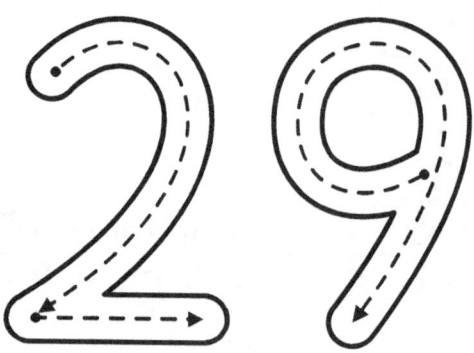

thirty

30 30 30 30 30 30 30

30 30 30 30 30 30 30

30

30

thirty-one

31 31 31 31 31 31 31

31 31 31 31 31 31

31 31

thirty-two

32 32 32 32 32 32

32 32 32 32 32 32

32 32 32 32 32 32

32 32 32 32 32 32

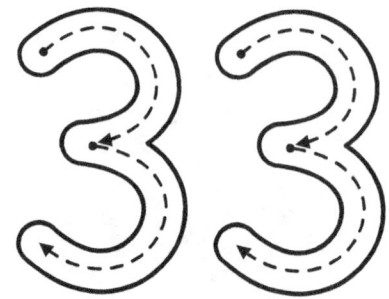

thirty-three

33 33 33 33 33 33

33 33 33 33 33 33

33 33 33 33 33 33

thirty-four

34 34 34 34 34 34

34 34 34 34 34 34

34 34 34 34 34 34

34 34 34 34 34 34

thirty-five

35 35 35 35 35 35

35 35 35 35 35 35

35 35 35 35 35 35

35 35 35 35 35 35

thirty-six

36 36 36 36 36 36

36 36 36 36 36 36

36 36 36 36 36 36

36 36 36 36 36 36

thirty-seven

37 37 37 37 37 37 37

37 37 37 37 37 37 37

37 37

37

 **thirty-eight**

38 38 38 38 38 38

38 38 38 38 38 38

38 38 38 38 38 38

38 38 38 38 38 38

thirty-nine

39 39 39 39 39 39

39 39 39 39 39 39

39 39 39 39 39 39

39 39 39 39 39 39

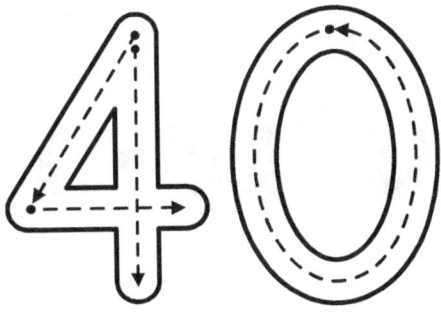

forty

40 40 40 40 40 40

40 40 40 40 40 40

40 40 40 40 40 40

40 40 40 40 40 40

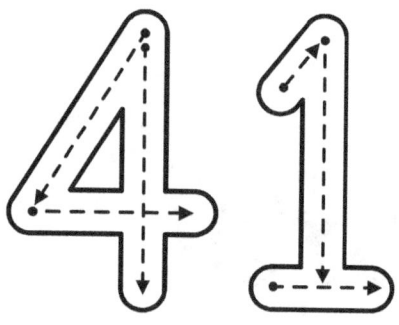

forty-one

41 41   41   41   41   41

41 41   41   41   41   41

41   41   41   41   41   41

41   41   41   41   41   41

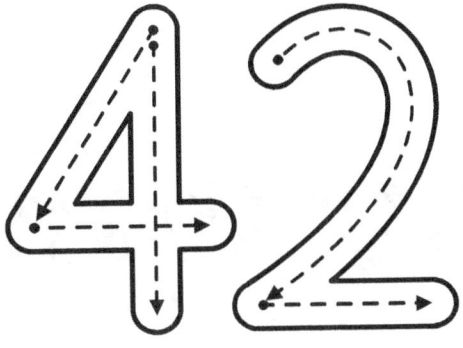

forty-two

42   42   42   42   42   42

42   42   42   42   42   42

42   42   42   42   42   42

42   42   42   42   42   42

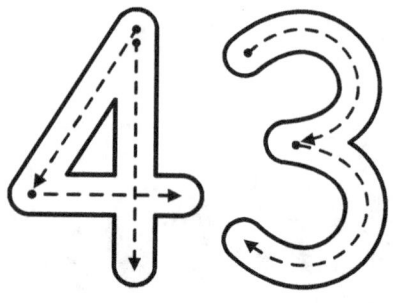

forty-three

43 43   43   43   43   43

43 43   43   43   43   43

43 43   43   43   43   43

43 43   43   43   43   43

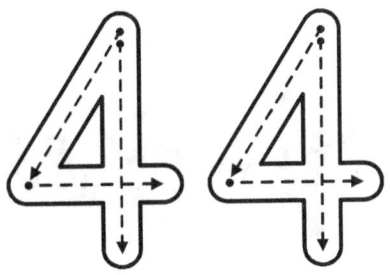

forty-four

44 44 44 44 44 44

44 44 44 44 44 44

44 44 44 44 44 44

44 44 44 44 44 44

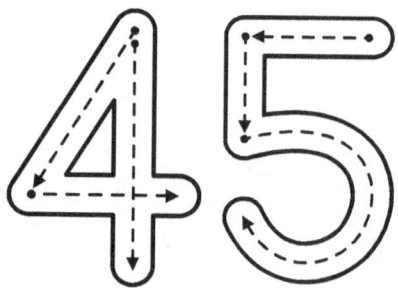

forty-five

45   45   45   45   45   45

45   45   45   45   45   45

45   45   45   45   45   45

45   45   45   45   45   45

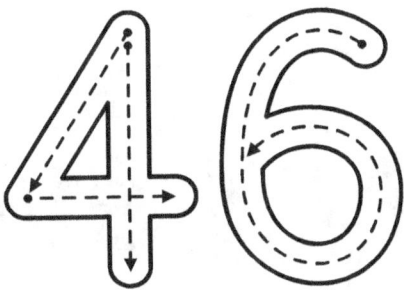

forty-six

46 46 46 46 46 46

46 46 46 46 46 46

46 46 46 46 46 46

46 46 46 46 46 46

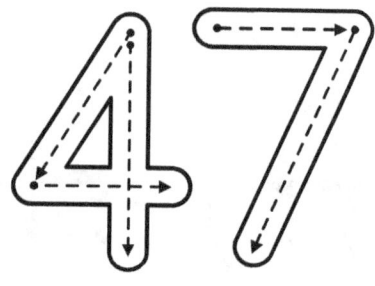

forty-seven

47 47 47 47 47 47

47 47 47 47 47 47

47 47 47 47 47 47

47 47 47 47 47 47

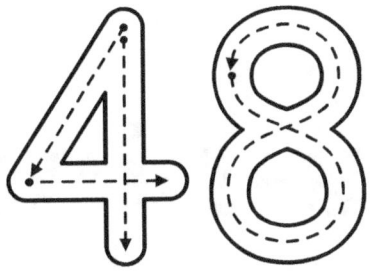

forty-eight

48 48 48 48 48 48
48 48 48 48 48 48
48 48 48 48 48 48
48 48 48 48 48 48

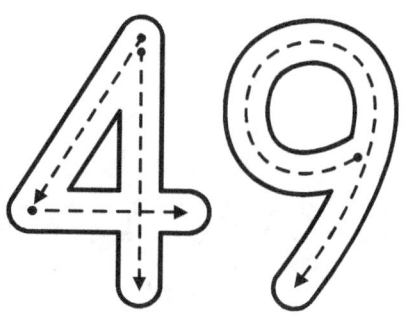

forty-nine

49 49 49 49 49 49

49 49 49 49 49 49

49 49 49 49 49 49

49 49 49 49 49 49

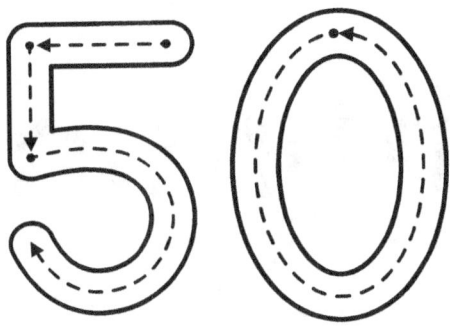

fifty

50 50 50 50 50 50
50 50 50 50 50 50
50 50 50 50 50 50
50 50 50 50 50

fifty-one

51 51 51 51 51 51
51 51 51 51 51 51
51 51 51 51 51 51
51 51 51 51 51 51

fifty-two

52 52 52 52 52 52

52 52 52 52 52 52

52 52 52 52 52 52

52 52 52 52 52 52

fifty-three

53 53 53 53 53 53
53 53 53 53 53 53
53 53 53 53 53 53
53 53 53 53 53 53

fifty-four

54 54 54 54 54 54 54 54 54 54 54

54 54 54 54 54 54 54 54 54 54 54

54 54 54 54 54 54 54 54 54 54 54

54 54 54 54 54 54 54 54 54 54 54

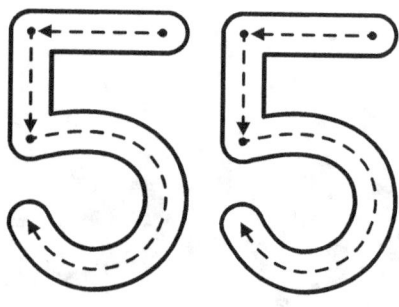

fifty-five

55 55 55 55 55 55 55

55 55 55 55 55 55 55

55 55 55 55 55 55 55

55 55 55 55 55 55

fifty-six

56 56 56 56 56 56 56
56 56 56 56 56 56 56
56 56 56 56 56 56 56
56 56 56 56 56 56 56

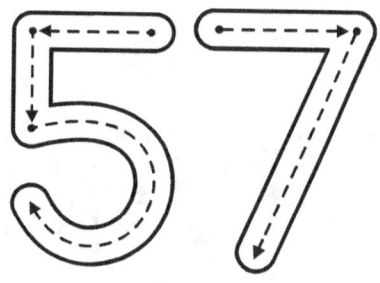

fifty-seven

57 57 57 57 57 57 57
57 57 57 57 57 57
57 57 57 57 57 57
57 57 57 57 57 57

fifty-eight

58 58 58 58 58 58 58 58 58 58 58

58 58 58 58 58 58 58 58 58 58 58

58 58 58 58 58 58 58 58 58 58 58

58 58 58 58 58 58 58 58 58 58 58

fifty-nine

59 59 59 59 59 59 59 59 59 59 59

59 59 59 59 59 59 59 59 59 59 59

59 59 59 59 59 59 59 59 59 59 59

59 59 59 59 59 59 59 59 59

sixty

60 60 60 60 60 60 60 60 60 60

60 60 60 60 60 60 60 60 60 60

60 60 60 60 60 60 60 60 60 60

60 60 60 60 60 60 60 60 60 60

sixty-one

61 61 61 61 61 61 61 61 61 61 61

61 61 61 61 61 61 61 61 61 61 61

61 61 61 61 61 61 61 61 61 61 61

61 61 61 61 61 61 61 61 61 61 61

sixty-two

62   62   62   62   62   62

62   62   62   62   62   62

62   62   62   62   62   62

62   62   62   62   62   62

sixty-three

63 63 63 63 63 63
63 63 63 63 63 63
63 63 63 63 63 63
63 63 63 63 63 63

sixty-four

64 64 64 64 64 64

64 64 64 64 64 64

64 64 64 64 64 64

64 64 64 64 64 64

sixty-five

65 65 65 65 65 65 65

65 65 65 65 65 65 65

65 65 65 65 65 65 65

65 65 65 65 65 65

sixty-six

66 66 66 66 66 66 66
66 66 66 66 66 66 66
66 66 66 66 66 66 66
66 66 66 66 66 66

sixty-seven

67 67 67 67 67 67 67 67 67 67 67

67 67 67 67 67 67 67 67 67 67 67

67 67 67 67 67 67 67 67 67 67 67

67 67 67 67 67 67 67 67 67 67 67

sixty-eight

68 68 68 68 68 68

68 68 68 68 68 68

68 68 68 68 68 68

68 68 68 68 68 68

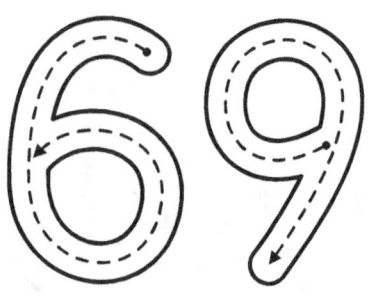

sixty-nine

69   69   69   69   69   69

69   69   69   69   69   69

69   69   69   69   69   69

69   69   69   69   69   69

70

seventy

70 70 70 70 70 70

70 70 70 70 70 70

70 70 70 70 70 70

70 70 70 70 70 70

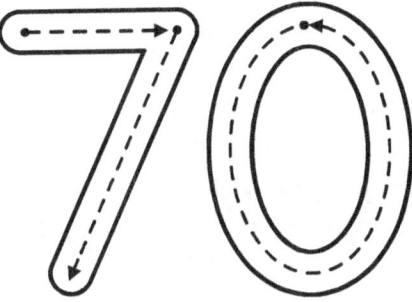

seventy-one

71 71 71 71 71 71

71 71 71 71 71 71

71 71 71 71 71 71

71 71 71 71 71 71

72 seventy-two

72 72 72 72 72 72 72

72 72 72 72 72 72 72

72 72 72 72 72 72 72

72 72 72 72 72 72 72

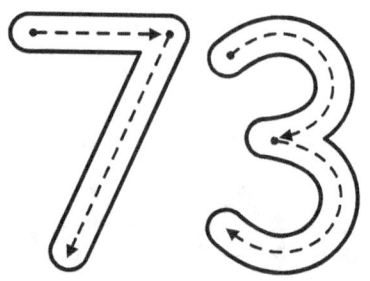

seventy-three

73 73 73 73 73 73

73 73 73 73 73 73

73 73 73 73 73 73

73 73 73 73 73

seventy-four

74 7̶4̶ 7̶4̶ 7̶4̶ 7̶4̶ 7̶4̶

74 7̶4̶ 7̶4̶ 7̶4̶ 7̶4̶ 7̶4̶

74 7̶4̶ 7̶4̶ 7̶4̶ 7̶4̶ 7̶4̶

7̶4̶ 7̶4̶ 7̶4̶ 7̶4̶ 7̶4̶ 7̶4̶

 **seventy-five**

75 75 75 75 75 75

75 75 75 75 75 75

75 75 75 75 75 75

75 75 75 75 75 75

seventy-six

76 76 76 76 76 76
76 76 76 76 76 76
76 76 76 76 76 76
76 76 76 76 76 76

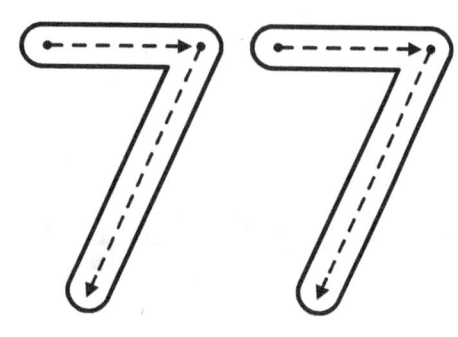

seventy-seven

77 77 77 77 77 77 77 77 77 77
77 77 77 77 77 77 77 77 77 77
77 77 77 77 77 77 77 77 77 77
77 77 77 77 77 77 77 77 77 77

seventy-eight

78 78 78 78 78 78
78 78 78 78 78 78
78 78 78 78 78 78
78 78 78 78 78 78

seventy-nine

79 79 79 79 79 79 79 79 79 79
79 79 79 79 79 79 79 79 79 79
79 79 79 79 79 79 79 79 79 79
79 79 79 79 79 79 79 79 79 79

eighty

80 80 80 80 80 80
80 80 80 80 80 80
80 80 80 80 80 80
80 80 80 80 80 80

eighty-one

81 81 81 81 81 81
81 81 81 81 81 81
81 81 81 81 81 81
81 81 81 81 81 81

eighty-two

82 82 82 82 82 82

82 82 82 82 82 82

82 82 82 82 82 82

82 82 82 82 82 82

eighty-three

83 83 83 83 83 83
83 83 83 83 83 83
83 83 83 83 83 83
83 83 83 83 83 83

84

eighty-four

84 84 84 84 84 84

84 84 84 84 84 84

84 84 84 84 84 84

84 84 84 84 84 84

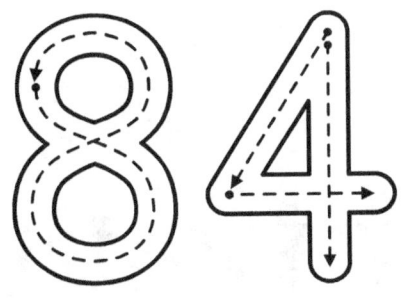

eighty-five

85 85 85 85 85 85

85 85 85 85 85 85

85 85 85 85 85 85

85 85 85 85 85 85

86 eighty-six

86 86 86 86 86 86

86 86 86 86 86 86

86 86 86 86 86 86

86 86 86 86 86 86

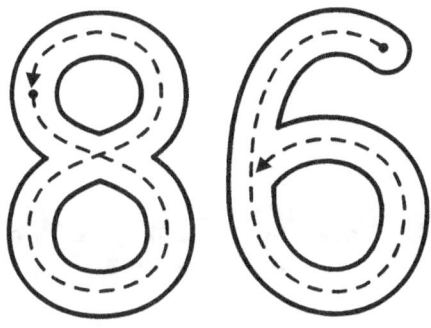

eighty-seven

87 87 87 87 87 87
87 87 87 87 87 87
87 87 87 87 87 87
87 87 87 87 87 87

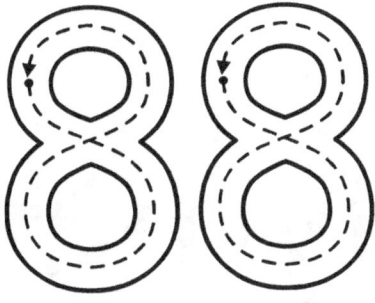

eighty-eight

88 88 88 88 88 88 88
88 88 88 88 88 88 88
88 88 88 88 88 88
88

89 eighty-nine

89 89 89 89 89 89

89 89 89 89 89 89

89 89 89 89 89 89

89 89 89 89 89 89

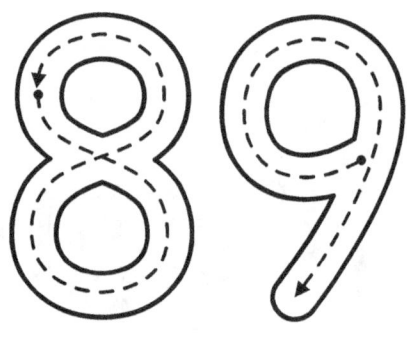

ninety

90
90
90
90

ninety-one

91 91 91 91 91 91
91 91 91 91 91 91
91 91 91 91 91 91
91 91 91 91 91 91

ninety-two

92 92 92 92 92 92

92 92 92 92 92 92

92 92 92 92 92 92

92 92 92 92 92 92

ninety-three

93 93 93 93 93 93

93 93 93 93 93 93

93 93 93 93 93 93

93 93 93 93 93 93

ninety-four

94 94 94 94 94 94

94 94 94 94 94 94

94 94 94 94 94 94

94 94 94 94 94 94

ninety-five

95 95 95 95 95 95

95 95 95 95 95 95

95 95 95 95 95 95

95 95 95 95 95 95

ninety-six

96 96 96 96 96 96
96 96 96 96 96 96
96 96 96 96 96 96
96 96 96 96 96 96

ninety-seven

97 97 97 97 97 97
97 97 97 97 97 97
97 97 97 97 97 97
97 97 97 97 97 97

98 ninety-eight

98 98 98 98 98 98

98 98 98 98 98 98

98 98 98 98 98 98

98 98 98 98 98 98

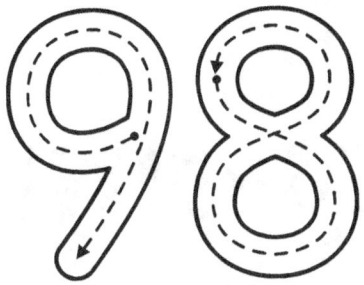

ninety-nine

99 99 99 99 99 99

99 99 99 99 99 99

99 99 99 99 99 99

99 99 99 99 99 99

100 one hundred

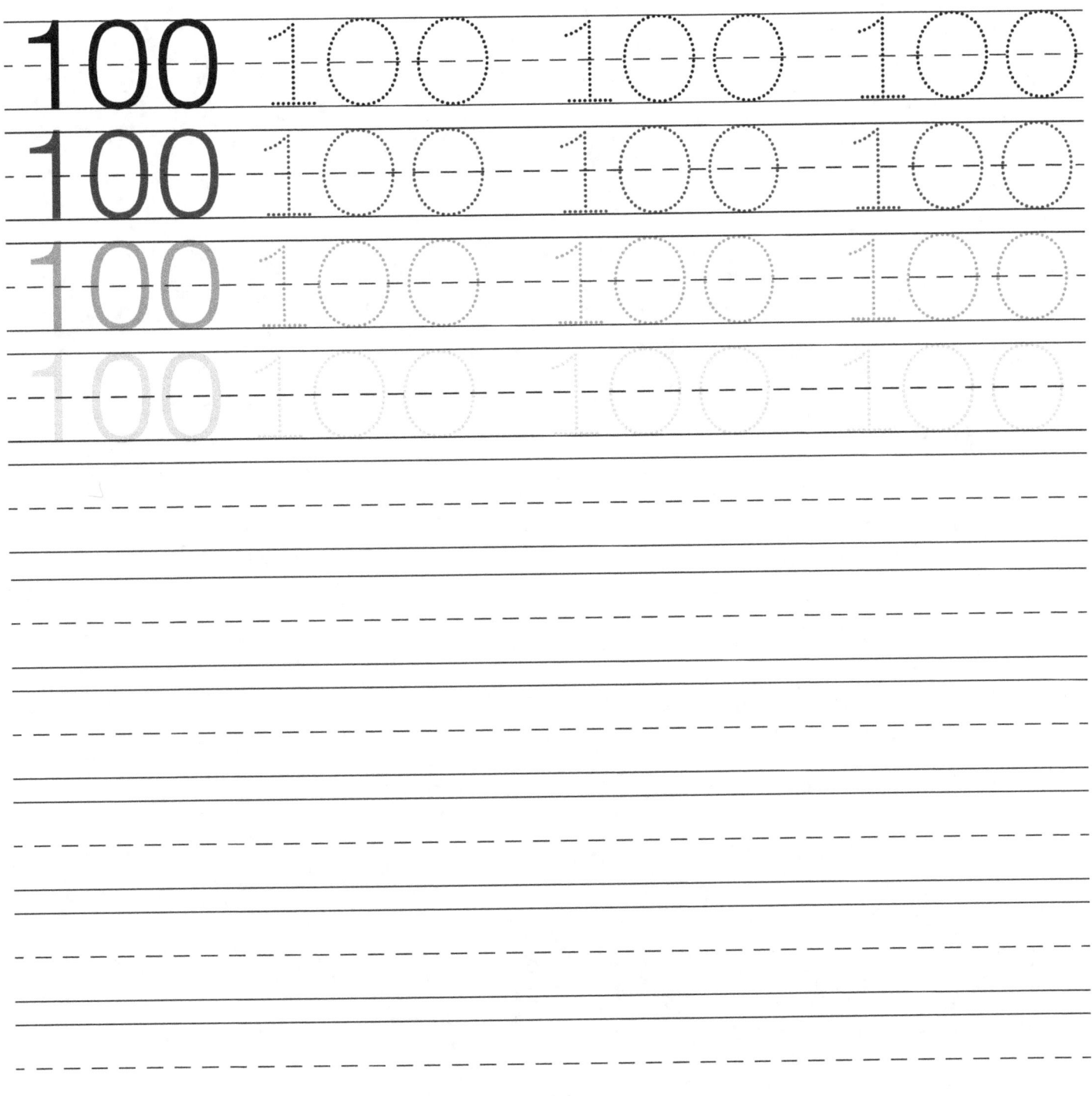